환하다

이경철 시집

서정시학 시인선 234

서정시학

오랜 그리움과 직관의 찰나 아로새긴
한 글자
한 이미지
그리고
오랜 침묵―

―「동파문東巴文 상형문자」에서

서정시학 시인선 234

환하다

이경철 시집

서정시학

시인의 말

어둠이 잉태하는 빛
환하다

말똥말똥 눈떠가며
문맥도 없이
뿔뿔이 날뛰는
자음과 모음들

그냥 냅둬라
냅두지 못하고 곤두서는 말초신경
끊어라
그 질기디질긴 연줄이며 훈습薰習.

2025년 가을 북한산 자락 우거寓居에서
이경철

차 례

시인의 말 | 5

1부 영원이 보일 듯한 순간

빅뱅! 구스타프 말러 심포니 No 5 | 15
정초 서설 인상 | 17
립스틱 봄비 | 18
라 당스, 볼레로 | 19
해남 갓꽃 | 20
맥문동 민초꽃 | 21
조선 텃밭 | 22
꽃 천지, 공명共鳴 | 23
벚꽃 이장移葬 | 24
빈집 봄꽃 다비식 | 25
도시 섬, 숨터 | 26
한탄강 주상절리 구비길 | 27
늦꽃 | 28
가을 햇살 속에선 | 29
환하다 | 30
땅끝 반점飯店 | 31

2부 경계의 꽃

개불알꽃 판타지 | 35
상팔자 해바라기 | 36
처서 무렵 | 37
화령전華寧殿 변성곡變聲曲 | 38
5월 한낮 뻐꾹새 소리 | 39
경계의 꽃 | 41
싸리꽃 눈곱만한 염치 | 42
성벽 위 고추잠자리 | 43
석양의 네 잎 클로버꽃 | 44
남산골 '겨울 나그네' | 45
햇살 이사 | 46
도봉에 낙엽 지는 소리 | 47
상고대 | 48
세모歲暮 유감 | 49
원시遠視, 한겨울 속 나비 떼 | 50

3부 그냥, 그렇게

산수유 현상학 | 53
동파문東巴文 상형문자 | 54
봄 햇살 딱따구리 목탁 | 55
빨랫줄 위 콩쿠르 | 56
물 위의 동백 꿈 | 58
땅끝 봄, 여여如如 | 59
홀, 딱, 벗, 고- | 60
가을 산에 물들다 | 61
파미르고원 새벽 빗소리 | 62
유아독존 처처불 | 63
적광보전寂光寶殿 루미나리에 | 64
강화 동검도東檢島 채플 | 65
회복실 연옥 | 67
죄 없는 사랑 | 68
혼술 깡통 거지 | 69
입동立冬 그냥, 그렇게 | 71

4부 또 한 세상 바람 속

여강驪江 개불알꽃 | 75
파도와 달빛 이중 소나타 | 76
다도해 그리움 | 78
백로白露, 그리움 기미 | 80
사랑, 꽃샘바람 기상 쇼 | 81
사우나 눈물 | 82
새해 혼술 | 83
가을 초입 부음 | 84
햇살 시래기국 | 86
단 한 번 보지 못한 내 꽃 | 87
수락산 소풍 | 89
가을 동구洞口 | 90
애기 모란 동백 | 91
삼도천 주막 | 92
황하삼협黃河三峽 병령사炳靈寺 와불臥佛 | 94

5부 마고를 찾아서

유목의 꿈 | 99
천수시天水市 복희씨伏羲氏 | 101
화염산火焰山 천불동千佛洞 | 102
울산 대곡천 암각화 | 103
차마고도 하이웨이 | 104
천산天山 천지天池 야생화 | 105
바이칼 호수에 앉아 | 106
화산 벼랑길 짐꾼 | 107
파미르고원 오르니 | 108
낮게 엎드리니 | 109
엉겅퀴꽃 랩소디 | 110
그대, 황금빛 나팔 소리 | 112
마추픽추 굿바이 보이 | 114
이슬람 문양 홑씨 | 116
이어져 있다 | 117

6부 시작詩作 단상斷想_생각과 언어 너머 느낌과 울림

바이칼에 수장水葬된 영매靈媒 | 120

새벽 산보 | 122

제대로 미끄러져야 하는데 | 124

그리움 시론詩論 | 126

빅뱅Big Bang | 128

감기 | 130

고슴도치 딜레마 | 132

풍류風流 | 134

원음圓音 | 136

1부

빅뱅! 구스타프 말러 심포니 No 5

캄캄한 커튼 속
소리 없이 소리들 모여든가 싶더니
꽉 찬 숨 고르며 터져 나오는
주둥이 둥그런 관악기 금속성 빛줄기 한 가락

뻗치는 기운 있어 태초 캄캄한 수면 위를 운행하시고

  탱탱한 수면 팅기는 물방울 방울 같은 피치카토
  후다닥 흩어지다 모이곤 하는 철새 떼 혼돈 같은 하모니
  여기 저기 왔다 갔다 맞부딪치며 어우러지는 소리 빛살들의 심포니

  산수유 개나리 진달래꽃 화음 따라 색색이 다 피워놓고
  환한 햇살 속 아닌 밤중 홍두깨처럼 휘몰아치는 눈보라 불협화음
  실핏줄 타고 온몸 스며들며 감전돼오는 전율

저 꽃잎처럼 눈발처럼 카오스 심포니처럼
생채로 폭발하는 내 오장육부
화들짝 깨어나는 수십 억 조 세포, 세포들의 우주 창생 파노라마.

정초 서설 인상

  팽팽한 청공으로 날린 화살 가뭇없고 화살나무 잎 다 떨군 붉은 깃대 평평 눈 맞고 있다

  약사여래인가, 꼿꼿한 잎새로 받들고 있는 남천 나무 환약 같은 열매 눈발 속 더욱 붉다

  눈 함빡 쌓인 아파트 화단 사이 빨간 패딩 입은 손자 썰매 태우고 깔깔거리는 웃음 가득하다

  먹먹한 눈발 속 핸드폰 카메라에 잡힌 한순간 단심丹心 오간 데 없이 붉다.

립스틱 봄비

메마른 겨울 가란 듯 비가 내린다

립스틱 첨 바르고 내 앞에 다가서던 여자

가느랗게 떨리는 입술, 지금도 가슴 뛰는데

가쁜 황사 먼지나 겨우 적셔가며 내리는 가랑비.

라 당스, 볼레로[*]

춤춘다
화가 음악가 무용가 시인
산벚꽃 요정들 하나둘 뛰쳐나와
알몸으로 춤추고 노래한다

둥글다
춤추며 돌아가며 맞잡은 어깨
하늘 땅 우주 내 눈동자
모두 모두 둥그렇게 한 몸이다

툭 터진 무대 원색 캔버스에서
멀리서 차츰차츰 다가오는 피리며 북소리
돌고 또 돌아가는 리듬과 색채와 춤

팽그르르 흩날리는 꽃 이파리
꽃진 자리 불끈 돋아나는 푸른 잎새 잎새들
이 꽃산 녹음 천지 둥글둥글 환하다.

---
[*] 앙리 마티스의 그림과 모리스 라벨의 발레곡.

해남 갓꽃

담장 안 매화며 동백꽃 시드는데
황톳길 가 갓꽃 막 피고 있다

쫓겨 온 땅끝 꽃대 높이 세워
노랗게 꽃피우고 있다

아리고 매운 향내 봄 햇살 가득
이 풍진 세상 먼지로 흩날리고 있다.

맥문동 민초꽃

시퍼런 이파리 팽팽히 휘어진
녹음 절정서 꽃대 높이 세우더니

하늘과 땅 찢어발기며 오는 태풍
부르르 떨며 감지하는 맥문동 꽃심지, 심지들

태풍의 눈깔 같은
긴장된 평온의 잠시
피어오르는 보랏빛 꽃향기

난초도 백합도 아닌
민초들 몸짓과 살 내음 그대로
참 질박해 두렵다.

조선 텃밭

신축 아파트 단지 모퉁이 '나도 아파트에 살고 싶다' 써 붙인 낡은 집

손바닥만 한 자투리 마지막 땅 분꽃이며 봉숭아꽃 접시꽃 한창이다

깨진 장독에서 낮은 지붕 기어오르며 주먹만 한 열매 맺는 호박넝쿨

집 나간 식구들 불러들여 수제비 한번 푸지게 끓여 먹고픈 조선 텃밭.

꽃 천지, 공명共鳴

　무릎 아래 철쭉꽃 오종종 피어나는데 하르르 지는 진달래꽃

　젖 못 땐 어린 것 두고 숨넘어간 앳된 엄마

　뼈 마디마디 시리게 온산 가득 진달래꽃 피워놓고

　구구, 구구구 이산 저산 울리는 산비둘기 울음.

벚꽃 이장移葬

주인도 손도 없는
오고 감도 없는
윤이월 텅 빈 달

한 백 년 만에 햇살 본 백골 위
하르르 하르르 떨어지는 벚꽃
영원이 보일 듯한 순간

햇살 가닥가닥 푸르게 되살아오는 꽃 진 자리 이파리들

맺힌 것도 맺을 것도 하나 없는 공 달
빈 산 가득 울리는 뻐꾸기 소리.

빈집 봄꽃 다비식

　오래전 주인이 허접스레 버리고 간 빈집에 매화 영춘화 개나리 벚꽃 목련꽃 뒤죽박죽 순서도 없이 형형색색 피어올라 참새 딱새 지빠귀 꾀꼬리 간드러진 울음소리에 터지는 꽃 천지 어찌해볼 수 없는 환장할 저, 저 살내음 물씬한 몸뚱어리들 혼곤한데 눈 들어보면 하르르 하르르 날리며 허공을 피워내는 꽃 이파리들 곱고 고운 봄 절정인데 인간사야 기다림 속 또 기다림 오체투지 공염불인가 애간장 뼈 마디마디 욱신욱신 다 살라 먹고 허연 재 하늘 하늘 날리는 다비식인가 이 봄날은 눈길 한번 주지 않고 제 혼자서 흐드러지다 가는데.

도시 섬, 숨터

죽을병 걸렸나 병원 가는 길 숨 턱턱 차오르는 오르막

신축 빌딩들에 헐려가는 산허리 손수건만 한 숲

꽃 피고 나비 날고 나뭇잎 팔랑팔랑 일렁이는 바람

숨 한번 들이켜니 세상 모든 허파 꽉꽉 꽈리 불고.

한탄강 주상절리 구비길

흐르려면 이렇게 흘러라
진달래꽃 가고 철쭉 꽃피어 오듯
녹음 이울고 갈대꽃 피어나 하얀 눈 내리듯
산과 계절 꽃과 한탄도 함께 굽이쳐 흐르거라

떨어지려면 이렇게 떨어져라
끓어오르는 마그마 불티 싸리꽃 맺혀 아찔한 주상절리
멍울진 가슴팍 쩍쩍 금이 가 줄줄이 터져 내리는 폭포
하늘 땅 애간장 끓는 천둥소리로 떨어지거라

울려면 이렇게 울어라
산벚꽃 팔랑이듯 갈대꽃 풀풀 날리듯 눈물짓지 말고
슬픔도 기쁨도 이리 출렁, 출렁이며 극락으로 흘러들듯
사랑도 이별도 한가지로 꾹꾹 쟁여놓고 온몸으로 울 거라.

늦꽃

 수술 앞둔 아내 병실 가는 길 쭈그렁 할매 길 막고 난데없이 묻는다 저 꽃들 너무 예쁘지 않냐고 봄꽃 다 이울고 푸르러가는 계절에 피어나는 늦꽃들 참 예쁘다 그걸 묻는 할매 더 예쁘다 헛꽃만 자꾸자꾸 피어나는 자궁 적출 수술받는 아내한테 가는 짠한 길에.

가을 햇살 속에선

횅한 가을 햇살 속에선
엄마 치맛자락 놓친 아이
울음소리 아직도 들린다

어린 오누이 손에 들린
구호 도시락 비닐봉지
바스락거리며 쏟아지는 햇살 속에선,

환하다

가을 햇살 알갱이 반짝이는 피라미 떼

물속을 꼬누는 해오라기 눈 시린 부리

언뜻 바람에 흩어지는 갈대꽃 새하얀 홀씨들

숨 멎고 흐름도 멈춘 여울목 한순간, 환하다.

땅끝 반점飯店

　이빨 다 떨어진 노인 혼자 앉아 짬뽕에 고량주 한 병 찬찬히 마시고 있다

　카운터 옆 테이블 주인집 서너 살배기 기도하듯 한참을 골똘히 앉아 있다

　그런 아길 한참 쳐다보던 노인 궁금해 가보니 핸드폰 속 애니메이션에 푹 빠져 있다

　아기는 웃지 않고 골똘한데 노인 혼자 까르르 숨넘어갈 듯 손뼉 치며 보고 있다

　한 잔 두 잔 마시다 보니 노인이 아기인지 아기가 노인인지 아슴아슴……

　고개 둘러보니 바다가 막 끝나고 저 멀리 지평선 아른거리는 땅이 시작되고 있다.

2부

개불알꽃 판타지

크고 예쁜 꽃 다 놔두고
꽃이 꽃임을 이름보다 먼저 알려준 꽃
소꿉놀이 소녀가 차려준 좁쌀만 한 꽃
소녀 머리에 꽂힌 포르스름한 꽃핀

풀피리 이파리와 입술 틈새서 새어 나오는
가녀린 선율과 격한 숨소리 어긋난 화음
겨울 속 봄바람 기미 물들이는 꽃

천지간 미만한 물빛 기운 불러 모아
한 점 푸른 생명 노래하는 꽃

먼, 먼 추억 하나로 너와 나
비밀스런 내력
아슴아슴 포랗게 피워 올리는 꽃

이름과 내력 어긋난 틈새서
까치 발돋움으로 노래 부르는
저, 저 깨물어주고픈 개불알꽃.

상팔자 해바라기

 강아지 해바라기 하네 나도 가만 옆에서 해바라기 해 보네 강아지 벌렁 누워 온몸으로 햇살 받아들이네 보약 될 거 같아 나도 그럴까 하다 볼꼴 사나워 관두네 토종에 서양종 섞인 잡종 똥개라 멸시했는데 나보다 상팔자네 눈치 볼 것 없이 하고 싶은 대로네 강아지 튼실한 물건으로 환하게 쏟아지는 햇살 오는 봄 실감 나게 맞고 있네.

처서 무렵

아비 어미 없이 태어난 저 하늘

가없이 시퍼렇다

하나, 둘 비워가며 스치는 바람

풀잎에 베인 낯짝 시리다.

화령전華寧殿 변성곡變聲曲

봄비 가늘게 내리는 화성행궁 황혼 녘 고향 친구 시 노래하는 노신사 앳된 초성 청매화 꽃망울 벌어진다

"첫사랑 임의 입맞춤 누가 몰래 지울까
 말 없는 화령전 기둥 뒤에 새겨두고
 나비 날아간 붉은 꽃밭 사이길 뛰어와
 누가 볼세라 잠들지 못해 뒤척이던 보름달"*

사춘기 소년 정갈한 설렘 그대로 부르던 목소리 고음에선 그만 마른 갈대 부는 바람 같이 쉰 소리다 대처로 나간 한평생 돌아오니 다시 사춘기 변성긴가 반백의 머리 두 손 모으고 까치발로 뽑아내도 안 터지는 고음에 봄 가랑비 눈발 되어 내린다

화령전 꽃과 나비 봄 부르는데
나비 쫓던 소년 어데 가고
가랑비는 청매화 피워놓고
애저녁 웬 하얀 눈발 변성곡인가.

---

* 최동호 시, 정덕기 곡 「화령전」 1절.

5월 한낮 뻐꾹새 소리

매 한 마리 맴도는
팽팽한 하늘

탱자꽃 하얗게 망보는
가시덤불 속

뱁새들 숨죽인
5월 쨍쨍한 한낮

가시에 찔려
부서지는
푸르디푸른 햇살

먼 날
반짝, 반짝이는
사금파리 시간들

에돌아

이 골짝 저 골짝
맞받아 울리는
뻐꾹새 소리.

경계의 꽃

지평선 속으로 아른거리며 사라지는 중앙아시아 고속도로
가속페달 밟고 달려도 속도만 스쳐 가는 창밖 허허벌판
드문드문 풀섶 푸른 생명 자지러드는 사막 경계에 멈춰
잉걸불처럼 스러져가는 쑥대밭에 오줌발 갈기니

이슬방울인지 핏방울인지
훅, 끼치는 쑥 향과 함께 영롱하게 맺히는 요, 요것들
지평선 너머 마른 바람 몰아치는데 쑥대 사이사이
물기 팽팽히 그러안고 방울방울 피어나는 꽃

잡거나 이름 부르면 형체도 빛깔도 흔적도 없이
증발할 첫사랑 같은 요, 요것들.

싸리꽃 눈곱만한 염치

빗금 그으며 은하 건너온 별똥별 파편 같다 이빨 앙다물고 나도 꽃이라 비명 지르며 피어나는 싸리꽃 장대비 속 백일홍 나리꽃 모가지 댕강댕강 떨굴 때 악착스레 피어나며 목숨 항변하는 싸리꽃 저 화려한 수사 꾸미고 부르는 눈칫꽃보다 여기 싸리꽃 눈곱만한 염치 엄연한 생목숨이거늘.

성벽 위 고추잠자리

장마 틈틈이 개인 옛 성벽 위 허공 가득 고추잠자리 난다 삼베처럼 성근 잠자리 날개 틈틈이 여는 허공 또 허공 속 자유로운 시그널들이 가볍게 노는 우주 잠깐의 틈새, 여름꽃 지고 이른 가을꽃 피고 있다.

석양의 네 잎 클로버꽃

빨갛게 물들어가는 화살나무 아래

뒤늦게 피어오르는 네 잎 클로버꽃

지금도 꽃반지 만들어 주고 싶은

늦가을 짧은 햇살 비껴드는데.

남산골 '겨울 나그네'

늦가을 남산골 언덕 올라
차오르는 숨 다독이는
늙은 피아노와 바리톤

젊은 날 열정
두 손 모아 뿜어 올려
가다듬는 바리톤

질풍노도 건반 위 내달리다
되돌아 자근자근 두드리며
음미하는 피아노

사랑 잃고 떠도는 나그네
젊은 날 슈베르트는 몰랐으리

온몸에 흘러드는 늦가을 이 저릿한 선율
석양 비낀 단풍 잉걸불 다시 타오르네.

햇살 이사

십일월 끄트머리
참 맑은 햇살이다

늦가을 바람 분분한 갈대꽃씨 투명하고
고요히 떠도는 원앙 떼 색색 선명한 물빛

무성한 나뭇잎 떨군 산등성
텅 비어 높아가는 하늘

온 곳도 갈 곳도
환하게 멀어져가는 계절 끝자락

이사 가는 햇살 천지
휑해서 참 맑다.

도봉에 낙엽 지는 소리

늦가을 도봉에 드니
지천에 낙엽 지고 날리는 소리

한 신라 고승은 간다는 말도 못다 이르고
이생을 떠나는 한스러운 소리로 들었다는데

서로 야윈 살 비비며
햇살 속 즐겁게 바스라지며
빗살 알갱이로 눈부시게
흩어져가는 소리

단장하고 산에 오른 노파
낙엽에 새우등 누이고
가쁜 숨 내쉬며 듣고 있다

머리 허연 도봉 내려다보며
삶과 죽음 갈림길 어딨냐고
파안대소하고 있다.

상고대

첫눈도 없이 춥다 언 하늘 동트는 햇살 산등성 붉게 타오르다 남은 단풍에 낀 상고대 차디찬 빛깔들 화들짝 깨어난다 해 뜨면 가뭇없이 스러질 서리꽃 생생하게 되살아나는 색깔들 한순간이 눈부시게 명징하다.

세모歲暮 유감

고단한 몸
산중 노천온천에 담가놓고도
뭐에 그리 쫓기나

일에
시간에
딱, 따르르르 숨 넘어 간다
이 산 저 산 부산한 딱따구리 소리

이러다 죽음에도 쫓기겠네

흐르는 시간
째깍, 째깍
매듭지어놓고
올가미 옥죄어오는 세모

서산마루 휑한 나무 틈새
지는 해 모가지 걸려 핏빛 낭자한데.

원시遠視, 한겨울 속 나비 떼

먼발치
나비 한 쌍 나풀거린다
다가갈수록
나비 떼 어지럽게 날아오른다

한겨울 속 양지 녘
가만히 쪼그리고 앉아 보니
잎맥만 남은 낙엽들 나비 되어
가벼이 날아오르고 있다

환한 햇살 속 건듯 부는 바람

나비도
낙엽도
날아 가버리고 없다

한겨울 텅 빈 천지
눈썹에 얹힌 햇살만
환하게 부서지는 원시.

3부

동파문東巴文 상형문자

맨발 탁발로 세상 누비며 설법하던 석가모니
가부좌 틀고 앉아 말없이 내민 연꽃 한 송이
벌 나비 모여들어 꽃세상 펼친다

이심전심以心傳心인가
침묵 그 자세 그 꽃 한 송이
나시족 담벼락 상형문자 새겨 있다

생긴 대로 내력 스스로 말하는
하늘과 땅과 물과 불과 바람의 글자들
사랑과 그리움 몸서리치게 감전하는
피뢰침 머리에 꽂은 글자 속 사람들

시인아,
오랜 그리움과 직관의 찰나 아로새긴
한 글자
한 이미지
그리고
오랜 침묵—

동파문 담벼락에 막힌 시인아.

봄 햇살 딱따구리 목탁

이른 봄
덜 깬 잠 투정하는 멧새들
산이 깨어나요

꽃샘추위 서릿발 선 땅
바스락바스락 부서지는 흙내음
확 안겨드는 생명의 온기

빠끔히 솟아오르는 해
생강나무 알싸하게 꽃봉오릴 터트려요
햇살 가닥가닥 노랗게 되살아오는
가슴 시린 로맨스

이른 봄 햇살 덜 깬 눈썹 아스라이 에두르는 무지갯빛 추억―

깨어라, 머리통 쪼아대는 딱따구리
봄 햇살 타고 부챗살로 퍼지는 목탁 소리
온산 멍멍하게 두드려요.

빨랫줄 위 콩쿠르

 동트기 전부터 어서 나와보란 듯 새가 지저귑니다 작은 동박새 한 마리 빨랫줄 위서 뭐라 뭐라 한참을 지저귀다 날아갑니다 무더운 어느 여름 창밖에 기진해 떨어져 그늘에 데려다 보살펴 날려 보낸 작은 새 인연 찾아와 고맙단 노랜 줄 알았습니다

 동박새 날아간 자리 뻐꾸기가 앉아 알람 시계처럼 노래하다 갑니다 덩치 큰 까마귀도 위태롭게 앉아 굵직한 소리로 노래하다 가고 뒤이어 또 다른 새들이 날아와 노래하다 갑니다 딱 맞는 가사 지어주라는 듯 곡조를 뽐내다 갑니다

 황혼 녘이면 때까치 선녀 날개옷 같은 청회색 꼬리 활짝 펴고 낮게 날아듭니다 일순 풀벌레 소리며 어둠 내리는 소리까지 고요해집니다 팽팽하게 긴장된 빨랫줄 위 무대에서 요리조리 고개와 어깨를 틀며 한참을 앉아 있다 갑니다 곡조도 사연도 부질없다 자태만 황홀하게 뽐내다 갑니다

빨래 없는 팽팽한 빨랫줄은 새들의 콩쿠르 무댑니다 이러저러한 삶 실시간으로 한껏 뽐내다 윈도 한도 없이 날아가 버리는.

물 위의 동백 꿈

심심한 연못 한가운데
묏등만 한 섬에 동백 고목 한 그루
한창 붉게 꽃피어 오르고 있다

망울서 막 터져 나오는 꽃
활짝 피어올라 발랑 뒤집히는 꽃
반쯤 벌어지다 목 째 뚝, 뚝 떨어지는 꽃

목숨의 한순간 자진해 수장水葬하고 있다.

바람 따라
물결 따라 출렁이며
또 무슨 꽃꿈 저리 선명하게 꾸며
어디로 흘러가나

시작도 끝도 애당초 없는 이 순간
한사코 꽃피워 올리고 있는 이 이른 봄날은.

땅끝 봄, 여여如如

1.

온 산 가득 꽃 피워놓고 밤새워 소쩍새 울어 이 산 저 산 쌍으로 울어대 미련마저 삭아가는 속내 스토킹해대더니 새벽녘 돼서야 그믐달 샛노랗게 떠오른다 해에 쫓겨 흔적도 없이 허옇게 풀어져가는 낮달로 저 너른 하늘 어찌 다 가려고 세월 갈수록 더디 오고 서둘러 가는 봄날인가.

2.

작은 꽃들 위로 작은 나비 팔랑팔랑 날고 있다 큰 꽃들 위로 큰 나비 훨훨 날고 있다 눈동자 꽉 차고 들어오는 제비꽃 꽃잎 이슬방울에 맺히는 햇살 프리즘 일곱 빛깔 우주 낳고 있다.

3.

산벚꽃 이파리 햇살 속으로 환하게 지고 있다 날개 접었다 폈다 꽃빛 흩뿌리며 날고 있는 나비 떼 하염없다 내뿜는 담배 연기 퍼렇게 허공을 피웠다 풀어지고 있다 해남 땅끝까지 와 봄을 맞는 나 또한 맺혔다 가뭇없이 풀어져 가는 가없는 족속일 것을.

훌, 딱, 벗, 고-

 밤꽃 허옇게 피어 비릿한 땀내 살내 풍기며 여름들 무렵 검은등뻐꾸기 울어 댄다 훌, 딱, 벗, 고- 훌, 딱, 벗, 고- 꿩, 꿩 소리같이 화들짝 놀란 소리 아니다 산비둘기 한 많은 사연 궁상맞은 소리 아니고 꾀꼬리 애교떠는 소리 아니다 딱딱 꺾어지는 네 음절 성운聲韻 있어 재밌게 따라 부르고픈 소리다

 홀딱 벗고 대체 뭔 짓 하잔 소린가 처자식 부귀영화 다 내던지고 출가했는데 공분 게을리하고 보살들과 희희낙락하다 죽은 스님 새로 환생해 딱 부러지게 도 닦아 성불成佛하라 그리 울어댄다는데 우는 새 모습 보이지 않고 소리만 귓전에 박힌다

 선녀 엉덩이 같은 흰 바위 웅덩이마다 물과 흰 구름 잠시 머물며 놀다 가는 백담계곡 깊은 산속 홀딱벗고 새 울어대 조실스님께 뭘 벗으라고 울어대나 물었더니 옷 벗고 놀아나도 좋고 마음 벗고 성불해도 좋다 제 깜냥대로 들리는 대로 들으면 다 된다는데 부처도 신선도 나도 다 한통속이라는데.

가을 산에 물들다

목백일홍 이파린 바람에 지는데

쟁여놓은 꽃 심지 타오르고 있다

나뭇잎은 허공을 내주고

허공은 꽃잎에 물들어가고.

파미르고원 새벽 빗소리

세상의 지붕 처마 끝

새벽 빗소리 뚝, 뚝 듣는다

찬술 한 모금 또 한 모금 추적추적

너와 나 살 섞으며 한 몸 돼가는 소리.

유아독존 처처불

깎아지른 설산 적벽 만물상 새겨놓고
만년설 녹아들어 은하수 흘러들어
쪽빛 한세상 투명하게 연 켈수우호수

올려다볼 땐 코끼리 호랑이 독수리 장군 요부 도깨비
기암괴석 만물상이더니
물속 들여다보니 다들 부처상이구나

유아독존唯我獨尊에서 처처불處處佛까지
'에서~까지'에 너무 많이 끄달렸구나
가당찮은 문자 헛것들이구나

투명한 호수 들여다보니
유아독존 그대로 다 처처불인 것을.

적광보전寂光寶殿 루미나리에

 캄캄한 혼돈 속 형체도 없이 한없이 작은 것들이 뭐라 이름 지을 수 없는 한없이 외로운 기운들이 서로서로 끌어안으며 뭉치고 뭉치다 한 점 빛으로 폭발해 펼치고 있는 우주 탄생 파노라마 빅뱅

 모스크바 연말 중심가에 눈이 내린다 루이뷔통 구치 명품거리엔 밤에도 휘황찬란한 빛의 눈이 내린다 별도 없는 모스크바 밤하늘서 빅뱅 잔광처럼 쏟아져 내리는 수없이 많고 작은 불빛들의 루미나리에

 설악산 자락 양지바른 언덕 위 천년고찰 진전사 적광보전 부처님 한 분 법당 가득 햇살 가부좌 틀고 앉아 빅뱅의 잔상마저 은근한 미소로 잠재우고 계시다.

강화 동검도東檢島 채플

사방팔방
갯벌이다
바다 쓸려간 뻘밭 숭숭
구멍 뚫려 가쁜 숨 내쉰다

질척이며 고꾸라지며 끌고 온
십자가 맞춤한 언덕
산사나무 가시 면류관 못 박혀
빛살이 된 동검도 채플

일곱 평 남짓 뻥 뚫린 성소
갈밭 갯벌 너머 바다 수평선 솟아오른 마니산과 하늘
경계를 나는 갈매기 울음소리 그대로
창에 들어와 빛이 된다

붓질 한 번
갈가리 터져오는 빛살의 태초
빛과 그림자 함께
색색 숨결로 무늬져오는 스테인드글라스

질척이는 갯벌 푹푹 빠지는
엉망진창 죄 많은 이내 삶 어떻게
은총의 빅뱅Big Bang, 빛살 되느냐 검문하며
나를 발가벗기는 동검도 채플.

회복실 연옥

전신마취 수술 후 회복실
환한 빛살 속
맨살 꿰맨 몸뚱어리들 숨 쉰다
다시 살겠다 가슴 벌떡벌떡
게걸스레 숨 들이마시고 있다
몽롱하게 스러져가는 마취 기운
연옥인가,
이 착실한 통증의 현생은.

죄 없는 사랑

차마 못 끊고 새해 첫날 말한다
평생 이렇게 사랑한 짓거리 있었느냐고

여기저기 숨고 쫓기며 눈칫밥 먹어도
끝내 저버리지 않은 짓거리 있었느냐고

욕먹고 손해 보고 아무 쓰잘데없는 이 짓거리
그래도 너와 나 죄 없는 사랑 아니었느냐고

야멸차게 내던져버리려다 슬며시
피워 물고 허공에 내뱉는다.

혼술 깡통 거지

깡통 술 쌓아놓고
죽자 살자 마신다

빈 깡통
땡그랑
동전 떨어지는 소리

얼마나
더 마시고
짓밟히고 찌그러져야
깡통 부처 되나
예수 되나

집 내주고
처자식 내주고
깡통 적선 술 구걸

얼마나 더 마시고 비워야
넋줄 명줄 까무룩히

홀로 성불하나
텅 빈 속
꽝, 꽝 못 박히나.

입동立冬 그냥, 그렇게

잎 다 떨궈가며 입동으로 들어선 새벽 빈 나뭇가지에 작은 새 한 마리 날아와 뭐라 뭐라 지저귄다 눈에 익고 귀에 익은 저 새 이름 뭐였더라? 갑자기 머리가 휑하다 이젠 그런 세월 골똘하지 말기로 하자 새 지저귀며 먼동 터오고 날 새고 있다 붉게 터오는 먼동 속으로 날아가자 작은 새와 함께 그냥, 그렇게.

4부

여강驪江 개불알꽃

봄이 오고 있네요
짓밟아 주세요
풀리는 저 강물 따라 흐르고픈 이 마음
자꾸자꾸 밟아 주세요

언 땅 비집고 쏟아지는 햇살
까치발로 쫑, 쫑, 쫑 피어나는 개불알꽃

먼, 먼 날 만난
소녀의 민낯
아스라이
피어오르는 풀꽃, 풀꽃들

우리, 속 터지는 연정戀情일랑
저 여강한테나 주고
가도 가지 않을 그리움 하나
꾹꾹 눌러 밟는다
개불알꽃아.

파도와 달빛 이중 소나타

봄밤 바람이 시리다
검은 바다 일렁이며 불어오는 바람
바람 휘몰아가는 구름 사이사이 떠오르는 보름달
가슴에 달빛 확확 끼얹는다
땅끝 벼랑까지 밀려와 맞는 바람
낮게 구르는 해조음, 귓전 두드리는
파도 소리, 달빛 음색 탱글탱글하다

꿈꾸는가, 그대
자목련 붉게 피어나던 담장 너머
뺨과 입술 그리고
봉긋 솟아오르는 젖가슴
가슴 죄며 쳐다보고 그리던
그대와 나 은밀하게 이어주는
저 죄 없는 달빛이여

바람인가, 그대
움켜쥐면 손아귀 빠져나가 버리는
포옹하면 뛰는 가슴 스쳐 지나 가버리는

끝끝내 다가갈 수 없는 허위단심
땅끝까지 달려와 부딪쳐 산산이
물거품으로 부서지고야 마는
저 허천난 파도여

숨 가쁘게 올라와 중천에 휑하니 뚫린 달
고요하고 맑다
바람도 구름도 없다
심장 쥐어 짜내는 달빛도 없다

순정과 욕정, 추상과 구체 사이
파도와 달빛이 밀고 당기는 이중 소나타
탱글탱글하다.

다도해 그리움

땅끝까지 내달린 산맥
섬 수제비 통, 통, 통 떠나가다
수평선 위 흰 구름 되어
둥둥 떠오르고 있다

섬 하나 뜨지 않는 동해 수평선
그 냉정하고 망망한 거리도
에둘러 보니
차마 어찌해볼 수 없는 그리움
이리 물수제비뜨고 있구나

섬 속의 섬 조도鳥島
도리산 전망대 올라
도리도리 둘러보니
나도 물새 되어
작은 섬 하나 되어
떠 있구나

섬도 구름도 해당화도
파도에 부서지는 몽돌도 조가비도
둥둥 떠가고 있구나
너와 나 사이 아득한 거리
그리움 하나로.

백로白露, 그리움 기미

도토리 한 알 툭, 떨어져
지축을 울린다

긴장된 중심 팽팽한 표면장력
나뭇잎에 동그랗게 맺히는 이슬
팽그르르 구른다

북에서 불어오는 찬 바람
형체도 입도 없는 것들의
저 투명한 몸짓

너와 나 저 이슬 한 방울서 왔고
같이 돌아갈 동그란 물질
그리움은 왜 이리 뿔뿔이 귓불 시리고
표면장력 변죽만 울려야 하는가

북녘 하늘 저 멀리
점, 점, 점 소실되며
가뭇없이 날아가는 철새들.

사랑, 꽃샘바람 기상 쇼

　우수 경칩 지나 춘분 앞두고 미세먼지 황사 속 산수유꽃 개나리꽃 뒤죽박죽 피워놓고 덩달아 노랗게 신열 앓더니 오늘은 온갖 기상 쇼 다 부리네 대낮 캄캄해졌다 반짝 햇빛 났다 용오름 회오리 거센 돌풍 몰아치다 번쩍번쩍 번개에 천둥소리 천지간 진동하더니 주르르 좍좍 소나기 한 뜸 지나더니 웬 매화꽃 난분분 함박눈 팔랑팔랑 석양빛 꽃구름 지는 산봉우리 쌓인 눈 눈부셔라 이내 스러질 것들 하 안타까워 한참을 모둠발로 바라보네 기다림도 그리움도 어긋나 부닥치는 오는 봄과 가는 겨울 온랭 기류 대치 정국 사랑도 혁명도 한바탕 꽃샘바람 기상 쇼더냐.

사우나 눈물

곱게 차린 여인 아이 손잡고
푸른 솔숲 지나 나비 따라가는
고온 사우나 타일 벽화

나도 저렇게 엄마 손 꼭 잡고
꽃구경 가고 장날 구경 가고
초등학교 입학하러 갔는데

긴 병 치다꺼리에
구박만 받다 떠난 울 엄마

그때 내 어린 손 잡고 지금은 어디쯤 가고 계시나

물안개 그윽한 벽화 바라보다
울컥,
반백半白의 어린애
쏟아내는 눈물.

새해 혼술

 떡국 한 사발 놓고 마시는 찬술 뱃속 깊이 아리다 북극 뚫고 내려온 강추위 뼛속까지 파고 든다 성에꽃 핀 창에 어리는 눈망울 실핏줄 터진다 못내 홀로인 것들, 으스스 온몸에 돋는 소름 살붙이 같은 그리움아, 뼛속 깊이 시리다.

가을 초입 부음

나비가 난다
일찍 떨어진 낙엽인 양
상승기류 타고 솟아올라
무중력 텅 빈 하늘 가뭇없이 난다

시 쓰고 사랑하고 가슴 졸이다
여름 가시지 않은 가을 초입 떠난
여류 시인 부음

웃자란 나무들 솎아낸 아파트 공터
망초꽃 싸리꽃 잡꽃들 피어나
벌 나비 붕붕 불러들여 또 한 세상 열고 있는데

꽃밭 향기
저 어찌해볼 수 없는
가증스러운 인력引力이라니

나뭇잎 가을 매니큐어 칠하고
왔다가 휑하니 갈

또 한 세상 바람 속
꽃과 나비 한 데 엉켜 흩날리고 있는데.

햇살 시래기국
— 김성동 작가

송년 모임 가는 좁고 기다란 골목
시래기 푸르게 잘도 말라 가고 있다

시래기 바라보며 속 풀고 싶다던 선배
평생 찌든 술에 빼빼 말라서 가고 없다

좁다란 골목 시래기두름 비집고 들어온 햇살
깨진 얼음장 위 가닥가닥 풀어지고 있다.

단 한 번 보지 못한 내 꽃
― 송기원 시인 영전에서

목백일홍 불타오른다
능소화 붉게 펴 숨 헐떡이며
염천의 절정 넘고 있다

그대에게 가는 길 숨넘어가게 덥다
붉은 꽃 그리 좋아하면서도 바탕부터 붉은 꽃 한 번도 보지 못했다는
그대에게 가는 길 굽이굽이
꽃들 오지게 붉다

권세며 영화며 나 몰라라
단 하나뿐인 붉디붉은 꽃 찾아
계룡산으로 히말라야로 인도로 해남 땅끝으로 홀로 떠돌다
아예 숨 너머 세계로 떠난 그대

그대가 한 송이 붉은 꽃이었음을
이 풍진 세상 잡꽃 헛꽃 아니라
가장 붉게 피어오른 단심丹心이었음을

시인 소설가 나부랭이들
혁명 동지 권력 떨거지 문상객들
공치사 공술 다 받아마셔 가며

그대 혼자 덩그렇게 웃고 있구나
붉게 붉게 취해가며 울고 있구나.

수락산 소풍
― 천상병 시인

산은 산이고 물은 물이다

폭우 며칠 쏟아진 뒤 수락산 오르니 씻긴 산과 물 말갛다 말년 다 떨어진 몰골로 "좋다, 좋다, 다 좋다" 웃어대던 천상병 시인 희디흰 이빨 계곡물 흐른다 수만 서울 인구 모여 물장구치며 좋고 좋은 휴일 즐기고 있다

물 흐르듯 막걸리 술술 넘어가는 수락산 시편들 참 싱겁고 밍밍했는데 이제보니 다 좋다 시인 말대로 나쁜 사람들은 TV에만 있고 산과 계곡물과 그냥 어우러지는 사람들 다 좋다

별난 것 없이 싱겁고 밍밍한 동어반복
좋다
산은 산이고 물은 물이고 천상병은 천상병이다.

가을 동구洞口
― 정지용「향수」고향에서

대추 불알 알알이
봉숭아 손톱 물들이며
가을 오고 있다

휘돌아나가는 실개천
배때기 반짝이며 뛰노는
피라미 떼 비릿하다

말갛게 부서지는 햇살

빨간 궁둥이 세발자전거
따르릉 따르릉
불알 소리 불난다

텅 비어가는 하늘 붙일 곳 없는 마음아

여전히 고향 그리운 낯짝으로 하늘거리는
저, 저 쑥부쟁이며 구절초 애기들국화 식구들.

애기 모란 동백

영랑 시인 초가집으로 모란꽃 보러 갔는데요
초파일 앞두고 부처님 색시처럼 피어오르는 꽃 보러 갔는데요
꽃 다 진 자리 황사 바람에 강진만 짭조름한 갯내음만 실려 옵디다요

마스크 쓰고 입 가린 영랑 흉상에
시든 모란꽃잎처럼 메말라가는 순정한 에스프리
괴질 시절 인심 하냥 섭섭해
참았던 오줌이나 시원스레 갈기려 뒷간에 갔는데요

글쎄, 햇살 한 줌 겨우 받는 응달진 곳
애기 모란 작약꽃 철 지난 동백꽃 막 피고 있습디다요
꽉 오무린 입술만 한 고 쬐그만 꽃망울 망울들
수줍게 벌어지고 있습디다요

"세월 탓하지 말고 이녁 씁쓸한 인심이나 탓하셔요"
낯짝 붉히며 수줍게 삐쳐 말 건네 오고 있습디다요
마스크 쓴 계절 영랑 생가로 모란꽃 보러 갔는데요.

삼도천 주막
— 강민 시인

부산→원산→베를린
2022년 08월 15일 12:00
615,000원 11,971km

동해북부선 연결되면
통일광복 열차 타고
민족 시원 비단길
내달리고 싶어
유라시아 횡단 열차
승차권 사놨는데
저승 열차표 됐단다

암 병동서 호스피스 병동으로 옮기며
강민 시인이 씨익 웃으면서 보여준 티켓

그동안 고마웠다 꽉 껴안으며
삼도천 가다 좋은 주막 있으면
술 한 상 차려 놓겠단다

배고픈 자 술고픈 자
아낌없이 베풀고
남은 건 달랑
티켓 한 장
기약도 없는

그리고
삼도천 건너가면서도
잃지 않는 웃음
넉살과 여유

그거면 족하리
이번 생도 그렇고 다음 생도 그렇고
너도 그렇고 나도 그렇고.

황하삼협黃河三峽 병령사炳靈寺 와불臥佛
― 서정주 시 「황혼길」에 부쳐

황하 상류 협곡 깎아지른 봉우리들
억겁의 바람 자락은 봉봉에 부처님 새겨가며
황하문명 너머 인간 세상 너머
화엄 세상 펼치고 있는데

사람들은 깎아지른 절벽에 천년 간 굴을 파
십만 불 새긴다며 병령사 지어놓았는데
거기 부처님 한 분 비스듬히 누워계시는데

낮잠 주무신 걸까, 열반에 드신 걸까
묻고 물어봐도
관둬라며
넌지시 웃음만 흘리시는데

"새우 마냥 허리 오그리고
뉘엿뉘엿 저무는 황혼을
언덕 너머 딸네 집에 가듯이
나도 인제는 잠이나 들까"

서정주 시 따라 나도 인제는 잠에나 들어볼까
소태같이 쓰디쓴 몸뚱어리 달짝지근하게
저 와불 옆에 누어나 볼까 스르르 눈 감아보는데
아서라, 태산처럼 솟아오르는 부처님 발바닥 잔상.

5부

유목의 꿈

 회사원들 구름처럼 모여들어 담배 피우는 빌딩 숲 공터 공항버스 타러 가다 한 대 빼 무니 구석에 쪼그린 노숙자 내미는 벌건 손 커다란 배낭 안쓰러운 몰골 몇 개 비 건네며 문득, 나 또한 노숙의 혈육임을

 오늘은 어느 항구 내일은 어느 노을 아래 노숙 꿈꾸던 질풍노도 시절 열정과 그리움 막무가내로 쿵쾅거렸는데 애먼 설렘도 없이 샹그릴라 있다는 중국 운남성雲南省 가는 이 몰골 갈바람에 쓸리는 낙엽처럼 스산하다

 눈 감고 누우면 어릴 적 떠나온 고향 호수 언저리 잔잔하게 펼쳐지고 피어오르는 물안개 속 고요히 나는 물잠자리 날개 연보랏빛 엄마 치맛자락 잡으려다 슬며시 잠 속으로 빠져드는 가없는 꿈길

 저 떠도는 흰 구름 남쪽 끝 고향 샹그릴라 설산 에둘러 품은 하늘 아래 첫 세상 만년설 흘러들어 바다처럼 펼친 나파해 호수 물안개 사이사이 소와 말과 양 게으르게 노닐고 이름 없는 야생화들 뭐라 뭐라 조잘대며

한들거리는 호숫가 목동 피리 소리 들리고 물잠자리 나직이 날 듯도 한데

 눅눅한 습기 냉랭하고 소똥 말똥 냄새 역겹다 호숫가 노숙 접고 샹그릴라 시내 호텔에 몸을 누인 유목의 꿈 물잠자리 낮게 날고 촘촘히 뚫린 날개 틈새로 아득한 시절 오가는 연보랏빛 비몽사몽이여.

천수시天水市 복희씨伏羲氏

  탑골공원 낙원상가 사잇길에 탑골이란 카페 주점 있었는데 가난한 시인 화가들 밤새도록 술 마시며 낙원 같은 세상 혁명 모의했었는데 외상 술 마다 않고 공짜 안주 잘도 주던 복희씨란 처녀 주모 있어 살판났었는데 탑골도 문 닫고 복희씨도 사라진 세상 혁명도 사랑도 안 되는 데 서역 관문 둔황 고비사막 가는 길 한밤중에 인류문명 시조 복희씨 고향이라는 천수시 들렀는데 깜깜한 밤하늘에서 떨어지는 흰 강줄기 일필휘지 천지와 밤낮과 음양 가르며 태극 문양으로 휘돌아 흐르는데 속만 타는 이 세상 개벽하라 부추기고 있는데 이국의 낯선 술집 찾아들어 독하디독한 배갈만 마셔가며 복희씨, 복희씨만 찾고 있는 다시 또 정처 없는 이 나그네 세상이여.

화염산火焰山 천불동千佛洞

풀이며 나무며 사는 것마저 추접해 다 태워버리고
가부좌 튼 채 소신불燒身佛 돼가는 화염산

살과 뼈 활활 태워
닿을 수 없는 그리움도 활활 태워
불꽃무늬 장엄하며 스스로 부처 돼가고 있는데

무어라 사람들은 이 화염산 소신불 복장 뚫어가며
서늘한 동굴 속에 부처님들 장엄하려 하는가
생목숨 타오르는 불꽃 봉우리들
그대로 다 천불동인 것을.

울산 대곡천 암각화

 푹 패인 암컷 산 뭉뚝 뻗어 내린 수컷 산 끌어안고 빙 돌며 흐르는 대곡천 물돌이 명당

 공룡과 고래 처용과 수로부인 벼랑 위 꽃 꺾어 바치는 노인 반석 위에 한데 어우러져 나뒹구는데

 너와 나 나뉘지 말자 동심원 새겨놓고 무궁무궁 춤추며 한 점으로 돌아가고 있는데

 봄 햇살 물결 따라 흐르는 푸른 버들개지 물그림자 대낮에 환하게 희롱하고 있는데.

차마고도 하이웨이

도로와 하늘
구름과 강
바람과 나
경계 없다

천 척 벼랑길 나부끼는 오방색 깃발

비와 햇살
경계 없는 허공에
여우비 내리고
무지개 뜬다.

천산天山 천지天池 야생화

옛날 옛적 성처녀 마고 아씨 하얀 고깔 쓰고 색동저고리 물빛 치마 입고 춤추면 춤사위마다 하늘엔 해와 달과 별 낳고 땅에는 아들 딸 낳고 들짐승 날짐승 낳고 나무와 풀과 꽃도 낳았나니 삼라만상 다 낳아놓고 흰 버선발 살포시 들어 올렸다 내리며 하얀 만년설 인 이 천산과 천지 낳았나니 뭇 생명 그렇게 한 탯줄이니 서로 먹고 먹히지 않고 이슬만 어미젖처럼 마시고 살며 천수天壽 누리는 마고 시절 예 있나니

케이블카 타고 지팡이 짚고 오르고 오른 천산 등성이 등성이마다 부는 바람에 아! 하고 탄성을 지르는 꽃들 이름 없어도 그저 환하게 피어나 웃음 지으며 고산지대 짧은 봄 생명 구가하고 있는데 바람에 하늘거리며 그 시절 본디로 돌아가라 돌아가라 꽃 이파리들 펄펄 날리고 있는데.

바이칼 호수에 앉아

세상 모든 물길 모이고
흩어지는 어머니 호수

넓이도 깊이도 없다
출렁이는 하늘
비쳐 빛깔 뿐

호심湖心 향해 일렁이는 풀꽃들
저 쬐그만 눈, 눈들
바다만 한 호수
다 담고 있다.

화산 벼랑길 짐꾼

세계 최초로 겨울 히말라야 K2봉 정상에 선 네팔 셰르파들 프로 등반대 짐꾼으로만 살아오다 세운 쾌건데도 왠지 뒤가 시리다 삶의 뚝심 까발라져 휑한 바람에 흩날리고 있다

깎아지른 협곡 수천 척 낭떠러지 차마고도 짐 가득 실은 당나귀 떼 하얀 숨 몰아쉬며 푸른 똥 갈겨대며 올라가고 있다 고개 숙여 실낱같이 펼쳐진 길만 보며 꾸역꾸역 오르고 있다

평생 한 번은 올라가 봐야 한다는 명산 화산 벼랑길 순례객 관광객 틈새 몸보다 무거운 짐 진 늙은 짐꾼 오르고 있다 발밑 아찔하게 쏟아지는 폭포 같은 땀 흘리며 한발 한발 내디뎌 화산華山, 그 꽃산이 돼가고 있다

짐 다 내려놓고 히말라야 겨울 정상에서 칼날 같은 맞바람 맞으며 만세 부르는 네팔 짐꾼들 이제 가볍겠다 아무것 없는 등짝 참 시리겠다.

파미르고원 오르니

시是비非 시시비비 씨팔씨펄 숨차게 오르니

넓은데도 갇혀 있구나

갇혀 있는데도 넓구나

다들 그렇게 숨차게 오고들 가는구나.

낮게 엎드리니

오를수록 알아서 키 낮추는 나무들 꽃들
모스크바광장에선 모가지 치켜들고 주먹 불끈 쥐던 민들레
파미르고원에선 땅에 납작 엎드렸습니다

울화통 터지듯 화산 폭발하듯
피어오르며 초원 뒤집어놓던 엉겅퀴꽃
높은 데선 할미꽃처럼 고개 숙입니다

꽃 낯짝에 귓바퀴 갖다 대니
물소리 낮게 낮게 들립니다
만년설 녹아 산도 녹아 흐르는 소리

돌도 흙도 옥도 쇠도 죄다 녹아
몸 섞어 흐르며 꽃 피우는 소리

낮게 낮게 엎드리니
내 몸 안 흐르는 소리
꽃피는 소리 들립니다.

엉겅퀴꽃 랩소디

파미르고원 만년 설산 오르는 길 지천으로 엉겅퀴꽃입니다 대초원 초록 일색 만년설 순백 세상 붉게 피워 올리고 있습니다 피어올라 폭발하고 있습니다 꾹꾹 눌러 온 기다림 한꺼번에 터트리고 있습니다

갈가리 터져 나는 화산 폭발
선연한 불꽃 리비도
꽉 아문 암록색 씨방
펑 터져 오르는 오르가슴
붉디붉은 엉겅퀴 꽃술

눈 녹은 물가에 가만히 제 얼굴 비춰보는 수선화
여름내 불꽃 심지 쟁어놓고 타오르는 목백일홍꽃
갈바람 언덕서 이별 하얗게 흔들어대는 억새꽃
쌓인 눈언저리 보송보송 피어나는 할미꽃
가만 들여다보니 다 엉겅퀴꽃입니다

웅크리고 웅크렸다
울화통 가시마저 꽃으로
터지는 그리움의 족속들

기다리고 기다리다 한순간 폭발해
선 채로 하얗게 화석이 돼가는
하, 아득한 시간 까마득히 먼 그대여

보드카 허리에 찬 백수광부
흰 머리카락 휘날리며
물 건너 설산 넘어와 붙박인 채
먼 먼 그대 부르는
엉겅퀴꽃 도깨비 꽃방망이여.

그대, 황금빛 나팔 소리

중앙아시아 초원 일렁이는 바람 숨소리
지붕 위 올라서 길게 목 뺀 알타이 황금 닭 계명성
대지와 하늘 맞닿으며 물들여오는 황혼 녘 금빛 나팔 소리
새벽부터 숨차게 달려와 땅거미 길게 드리눕는 숙소에 이르러
탄성처럼 터져 나오는 그대

자작나무 침엽수 활엽수
자욱한 물안개 이끼 낀 고사목
내리쬐는 빛살 오방색 가닥가닥 일렁이는
바이칼 알혼섬 타이가 숲 숨소리에
두 손 모아 불러보는 그대

사막과 초원 경계 낙타가시풀 덤불 지나
길 없는 초원 오프로드 달리고 달리다
야생화며 젖꼭지 같은 구릉이며 축축한 늪에 눈길 뺏기다
고개 들면 먼 지평선 허공에 홀연 떠오르는 쌍무지개
몸서리치며 불러보는 그대

발갛게 달궈져 알타이산맥 넘어가는 해
밤과 낮, 타이가 숲과 초원과 하늘 이어주는
동그란 금가락지 기운 온몸으로 받으며
힘차게 불러보는 그대

초원길 비단길 길 없는 사막 길 돌고 돌아와
천만 가지로 뒤척이다 곤히 잠드는 그대
그대를 가만히 부르면
깊은 곳에서 울려 퍼지는
황금빛 나팔 소리.

마추픽추 굿바이 보이

언제 어떻게 지었는지 기록 없는 전설의 황금도시
다 파보아도 황금은 없고 처녀들 가지런한 유골만 나왔다

해시계와 신전을 꼭대기에 모신 태양의 공중도시
안데스 고봉들에 가려 약탈에 들키지 않고 그대로 남은 곳
잉카 성처녀들이 태양 향해 반듯이 누워 마지막 숨을 모은 곳

빛과 그림자 낮과 밤 삶과 죽음이
해바라기 꽃판 환하게 에도는 햇살처럼
한 궤로 도는 게 태양의 불문율

문자 없어 한 치 의심도 어김도 없이
생짜로 어우러졌던 수수만 공동체 신시神市
해 설핏 기울자 온통 황금빛이다

구불구불 내려오는 산모롱이마다 울리는 굿바이

꼭대기부터 미끄러지듯 뛰어 내려오며
굿바이 외치며 적선을 구하는 인디언 소년

기차 타고 도심 숙소로 돌아올 땐
포르스름 저녁 짓는 연기 피어오르는 산골짝 마을마다
달리는 기차 향해 컹, 컹 짖어주는 굿바이 덕

애저녁 애들 불러들이는 엄마 소리

유년 고향에서 지금도 아득히 울려오는
뜻 없이 허기진 배 채워주는 그 소리.

이슬람 문양 홀씨

 여름 오기 전 햇살 낙하산 타고 둥둥 떠나던 민들레 홀씨들
 겨울 오기 전 텅 빈 천지간 풀풀 흩날리던 갈대꽃 홀씨들

 보릿고개 옛적 숨넘어간 내 어린 동생처럼 하염없는 홀씨들
 다들 여기 와 있네

 사막 속 오아시스 사마르칸트 이슬람 사원 비췻빛 문양 속
 형상 없는 하느님 화신 되어 구름 타고 쪽빛 하늘 날고 있네.

이어져 있다
— 쓰가루해협에 앉아

저 너머 북해도 그 너머 사할린
쓰가루해협 언덕서 마주 앉은 부추꽃

하얗다
우리 집 고층 아파트 베란다에 핀 고추꽃 쑥갓꽃
만년설 언저리 햇살로 피어난 파미르고원 파꽃

참 멀리들 떠나왔구나

바람에 실려 오는 먼 뱃고동 소리
거센 파도 하얀 근육 박차고 나는 갈매기

익숙해지면 또 떠나는구나

쓰가루해협 파도 따라 파미르 만년설 능선 따라
가고 또 가면 언제 여기 또
오긴 올건가

부추꽃아 갈매기야

파도 바람 햇살 겹겹 때에 절어
몸 바꿔 떠도는 무채색 혈육들아.

6부_시작詩作 단상斷想
생각과 언어 너머 느낌과 울림

바이칼에 수장水葬된 영매靈媒

바다 같이 끝 간데없는 바이칼호수. 짙은 물안개 속 뱃고동 소리 울리자 몰려드는 갈매기들. 이경 시인이 서정주 시인 모자와 파이프를 곱게 싼 비단 보자기를 물속에 내던지며 "선생님, 선생님"하고 목매게 부른다. 순간 보자기를 향해 수면으로 갈매기들 몰려들고 물고기들 튀어 오른다. 그런 현장 둘레 물안개도 환하게 걷히는 것 같고.

허름한 한복이나 세련된 양복에도 즐겨 쓰고 다니던 댄디한 모자와 일상서 시상詩想 속으로 자맥질할 때면 물던 담배 파이프. "나는/1742미터 깊이의/이 세상에서 제일 깊고 맑은/호수를 보고 왔는데," 팔순에 바이칼호수에 갔다 돌아와 보니 집 감나무들이 "그만큼 한 깊이의 떫은/그 푸른 땡감 열매들을" 맺었다고 바이칼호수와 땡감과 시인 자신을 깊고도 떫게, 그리고 푸르게 하나로 잇던 서정주 시인. 그 천진스러운 우리 말의 부족장이요 영매.

땡감 빛처럼 깊이를 잴 수 없는 시퍼런 깊이의 바이칼호수 그 수장에서 나는 보았다. 갈매기들도 물고기들도 물안개도 감응하는 영매며 시혼은 한마당 퍼포먼스란 것을, 영원이 주체못하고 터뜨리는 한순간의 몸짓이 포에지임을. 시로써 보여주기 정말로 힘든 그 포에지를 이경 시인은 수장을 통한 퍼포먼스 몸짓으로 그대로 보여줬다.

"거 머시기 있지 않은가, 연달아 나를 아득히 바람 되어 떠나게 하는 거, 그 뭐 말이여." '에스프리'에 대해 가르쳐주면서도 '머시기', '뭐'로 밖에 말 못 했던 서정주 시인. 갈바람 속 짚던 나무 지팡이 하나 내 서가 귀퉁이에 붙박인 채 어딘가로 자꾸 떠나라 떠나라 하는데. 말을 버리고 생각도 버리고 바람처럼 물처럼 떠나라 하는데.

새벽 산보

아파트를 나서면 북한산 둘레길, 새들이 불러내 새벽 산에 오른다. 맞닿은 하늘과 땅 그 틈새로 꽉 찬 어둠이 빠져나가는 소리. 휘파람새 울음을 신호로 까치며 까마귀, 뻐꾸기들이 울어대기 시작한다. 그런 새소리들이 어둠을 깨우고 동살 틔우고 하늘과 땅을 갈라놓고 그 사이에 깃들어 사는 것들을 낳는다. 태초 창생의 시간과 물상들이 제자리로 제대로 돌아옴을 느끼며 천천히 숨을 들이마셔 가며 새벽 산보를 한다.

산보라는 말 참 좋다. 걸음을 흩트린다는 '산보散步'가 '산책散策'이란 말보다 난 좋다. 걸으며 뭔가를 생각하고 꾸미는 느낌이 드는 산책보다 산보는 시니피에와 시니피앙이 제대로 미끄러지고 있어 좋다. 산보라는 말에서는 어릴 적 설레던 소풍逍風이 떠오르고 나이 들며 가슴속에 차오른 장자의 '소요유逍遙遊'라는 글 제목도 제대로 떠오른다.

거닐 소逍, 멀 요遙, 놀 유遊 자처럼 아무 뜻 없이 그저 노닐 듯 거닐면 눈곱만큼 작은 물고기도 하늘을 덮을 만큼 큰 새가 되어 시공時空을 뛰어넘어 날 수 있다는. 현실과 목적과 효용과 시공을 놓아버린 소요유, 그런 산보 길을 머리보다 가슴으로, 무위자연으로 걸으려 한다. 뜻이 아니라 온몸으로 삼라만상과 교감하며. 그렇다. 우리의 몸, 몸의 오감五感이란 문자와 문명을 넘어 세계와 직접, 원초적으로 만나는 장場 아니던가.

　언어 이전 태초의 시간에서 만물과 온몸으로 소통하려는 길, 자연을 자연으로 돌려주어 그들의 심장과 원초적으로 통하는 길이 산보라는 것을 몸은 알고 있다. 그래 나와 너와 자연이 한 몸이 되게 하며, 언어와 실체가 한 몸이 되게 하는 원초적 행위를 산보로 여기고 있다. 시 또한 그럴 것이고.

제대로 미끄러져야 하는데

 미끄러져야 한다. 빙판길에서 삐끗 미끄러져 봐야 일상의 루틴서 확 깨어날 수 있다. 말의 뜻과 소리, 시니피에와 시니피앙 사이에서 미끄러져야 시가 된다. 감성과 이성 사이에서 미끄러져야 좋은 시라는 것을 많은 시편을 봐 오며 실감 또 실감하고 있다.
 그러나 막상 시를 쓰다 보면 그게 잘 안 된다. 어렵고도 어렵다. 학습된 교양이며 훈습薰習 때문인지 자꾸 균형을 잡으려 한다. 길들어진 머릿속 이성의 스위치를 가슴의 감성적 스위치로 바꾸기가 여간 어렵지 않다. '훈습'이란 말 꾸밈없이 수수한 향기가 나고 전아한 맛이 나는 것 같은데, 아니다. 시에는 독극물 같다.
 교양이 켜켜이 쌓인 생각, 마음이 아니라 몸을 울림통으로 하여 모든 감각으로 울려 나오는 언어. 의미의 실루엣만 겨우 띠게 하는 소리. 그런 말들의 시니피앙과 리듬이 시를 낳게 해야 하는데.
 텅 빈 겨울 한복판 환한 햇살 속에 소나무들이 흠뻑 뒤집어쓴 눈이 무겁다는 듯 털어내고 있다. 그런 소나무 눈사태를 보자니 뜻을 못 찾고 허허롭게 흩어지는 소리 실루엣이 어른거리는 듯도 하다.

아득히 나뉜 하늘과 땅 사이에 발돋움하다 끝내 무너져 내리는, 한 몸이었다 지금은 떨어져 사는 것들의 안쓰러운 형상. 서로서로 부르다 하얗게 하얗게 흩어지는 소리. 눈사태가 'ㅎ'이라는 소리와 이미지로 무늬져 오며 우주적 정조情調를 느끼게 하고 있는데, 그 의미 너머 의미를 찾아달라 하고 있는데.

그리움 시론 詩論

　원래 하나였다 이제는 헤어진 너와 나의 안타까운 거리, 그리움이 시를 낳는다. 맑고 드높은 꿈과 이상과 이제는 더 이상 같은 것일 수 없는 이 구차한 현실에서 세계와 우주 삼라만상과 온몸으로 만나 다시 하나 되고픈 마음이 시를 낳는다. 실체와 이름이 하나였다 이제는 서로 겉도는 슬픈 너와 나의 안타까운 언어의 표정이 시 아니겠는가.
　너와 나, 꿈과 삶, 이상과 현실, 개인과 사회, 인간과 자연 어느 한쪽에 편안히 살지 못하고 그 사이에서 양쪽을 근심과 연민으로 살피는 것이 시다. 그런 연민과 그리움의 정갈함으로 너와 나를 온몸으로 이어주며 감동으로 떨리게 하는 언어가 시다. 그리하여 독자와 우주 삼라만상은 물론 신과도 감읍感泣, 소통할 수 있는 언어 너머 언어의 울림이 진짜 시 아니겠는가.
　그렇게 해서 시에 드러나는 것은 결국 인간의 품위와 위엄, 그리고 스스로 생각해도 신비스러울 정도로 끝 간데없이 깊고 넓은 우주 일원으로서의 인간이라는 존재. 그것으로써 이 황막한 시대의 위안과 함께 인간 존재의 깊이와 위엄을 지키는 것이 시 아니겠는가.
　AI가 시도 제법 잘 써준다고 해 컴맹인 나도 시 한 편 부탁해 본다. 제법이다. 그래 또 부탁하고 또다시 부탁해본다. 그러면서 '인공물, 기계인 AI에도 예술은 물론 삶의 알파요 오메가인 그리움이란 게 있는가.' AI에 직접 물어보려다 무서워서 그만두고 나 스스로 시란 무엇인가 물어본다. 이런 그리움의 시론은 언어로 어찌저찌 쓰겠는데 그런 좋은 그리움의 시는 이런 언어로는 안 된다는 것을 뼈저리게 느끼고 또 느끼고 있다.

빅뱅Big Bang

　우주는 어둠 속 한 점 빛에서 생겨났다. 캄캄한 어둠 속에서 뭔지 모를 것들이 서로서로 끌어당기며 뭉치고 뭉치다 마침내 한 점 빛으로 폭발해 우주가 탄생했다는 빅뱅. 그 빛줄기의 파문이 1백 38억 광년을 나아가며 우리 태양계와 은하계, 지구의 모래알보다 더 많은 별의 우주라는 무진장의 공간과 시간으로 팽창하고 있다는 것이다.
　캄캄한 혼돈 속에 빛을 있게 한 것도, 빛이 발산되며 무진장한 별들을 만든 것도 서로를 끌어당기는 힘, 인력引力이다. 인력이 안개인지 티끌인지 뭔지 모를 것들을 서로서로 끌어안아 응축, 폭발해 원자며 분자며 물질이며 별이며 꽃이며 사람으로 전화轉化케 해 이 찬란한 파노라마의 우주를 펼치게 한 것.
　하염없이 외로운 것들이 서로 사무치게 끌어당기며 뭔가가 되고 싶은 기운, 이것이 곧 그리움 아닐 것인가. 그 그리움이 빛이 되고 별이 되고 꽃이 되는, 우주와 한 몸인 뭇 생령들 아니겠는가.
　"꽃잎이 바람에 밀리고 있다. 거리를 사이에 둔 사물이 서로를 끌어당기는 것은 외로움 때문이다. 육체가 없는 물질이 머금고 있는 그늘진 외로움. 외로움의 극한에서 물질은

행동한다. 하르르 지는 꽃잎과 지구 사이에 서려 있는 아득한 그리움을 시는 본다. 그리움은 틀림 없는 물질이다."

 허만하 시인의 시 「그리움은 물질이다―아이잭 뉴튼에게」 마지막 부분을 보았을 때 나는 무릎을 쳤다. 병리학자로서 치밀한 관찰과 이성, 그리고 감성의 적절한 배합과 합치에 놀랐다. 서정과 감성의 핵인 그리움이라는 아득한 추상이 물질처럼 구체적으로 잡히고 있지 않은가.

 오늘도 바람에 꽃잎이 하르르 하르르 날리고 있다. 우주의 뭇 생령들이 그리움 하나로만 꽃잎을 날리고 있는데 그 기운, 파장을 수신하고 전할 언어를 찾지 못한 나는 송출이 끝난 TV 모니터처럼 아둔하게 지지직거리고 있다.

감기感氣

 가고 오는 계절에 인사치레하듯 환절기면 감기몸살에 걸리곤 한다. 삼복더위 속에서도 에어컨 바람에 몸살을 앓기도 한다. 몸속에 으스스 냉기가 짚이는가 싶더니 뼛속까지 찬 바람 불어온다. 온몸이 지끈지끈 바스러져 내리니 신음이 절로 터져 나온다. 누군가 애타게 부르듯. 아니 사방의 고요마저 온통 통증, 신음으로 들린다.

 터질 듯 아픈 몸속을 빠져나온 정신 홀로 혼미한 하늘을 날아다닌다. 천지간 열기란 열긴 다 불러 모은 불덩이 몸뚱이는 폭발하는 듯하다. 뭐가 몸이고 정신이고 뭐가 삶이고 죽음인지 분간 못 할 유체 이탈 통증이 저 먼 우주 칠흑 속으로 파동 쳐가는 듯하다. 그러다 오소소 밀려드는 한기에 부여잡은 이불자락의 온기, 그 따스한 것들의 피돌기를 다시금 실감하곤 한다.

 오소소 떨리는 한기, 전율에 뭔가 따뜻한 것을 부여잡고 싶은 기운. 이게 우주에 만연한 그리움 아니겠는가, 그래서 그 병을 뜻글로 '감기感氣'라 하지 않았겠는가. 그런 온몸의 기운이 폭발해 코로 불이 난다는 우리 소리글 '고뿔'도 그렇고, 저 바다 건너 서양말 '캐치 어 콜드'도 그렇고.

 언어는 안다, 우주에 만연한 그리움의 기운을 실감으로 붙들고 있다. 태초에 말, 언어가 아니라 그리움이 있었다. 그리움이 이렇게 말을 낳고 사물을 낳고 우주를 낳고 사람을 낳고 신을 낳았다. 감기를 앓을 때마다 혼미한 몸과 마음에서 그리움의 언어 파편들이 실감으로 터져 나오는데, 붙들려면 빠져나가 버리는 언어의 신령스러운 기운들. 어찌할거나.

고슴도치 딜레마

　화려한 문명과 삭막한 사막 자연이 만나는 오아시스 도시 둔황. 해 떨어지면 도심 광장에 남녀노소 모여들어 밴드에 맞춰 춤을 춘다. 여럿이 군무를 추기도 하고 또 블루스 같은 쌍쌍의 춤을 추기도 한다.

　그런 춤판을 구경하며 인간과 사회와 문화, 그리고 예의에 대해 골똘히 생각해봤다. 블루스를 추면서 가슴이 닿을듯말듯한 적당한 거리 유지가 그리움과 인간에 대한 예의를 낳고 또 자연의 야만이 아니라 문화와 문명을 낳은 거라고.

　'고슴도치 딜레마'란 말이 있다. 한겨울을 좁은 굴속에서 나는 고슴도치들이 추워서 체온을 나누려 너무 가까이하면 서로의 가시털에 찔리고 멀어지면 춥다는 데서 나온 말일 게다. 실존주의 철학 비조인 쇼펜하우어가 개인의 독자성과 사회성 사이의 거리와 갈등을 설명하려 처음 조합해낸 말이라는데.

　사춘기 시절 그 용어를 처음 들은 이후 청춘의 방황기를 거치며 고슴도치 딜레마를 실감했다. 그대와 나, 그리움의 아득한 거리가 사랑이고 이데아였음을. 그 거리를 없애고 합치된 순간 야만, 짐승처럼 되고 순수도 꿈과 이상도 상실했음을.

　미학과 시학 이론에도 '심미적 거리Aesthetic Distance'란 말이 있다. 문자 그대로 아름다움이 우러나는 거리다. 대상과 너무 가까우면 감상적이어서 유행가처럼 야하고 추접스럽기 십상이고 너무 멀면 남남처럼 객관적어서 정감이 우러나지 않는다. 시니피에와 시니피앙의 거리, 너와 나 사이의 거리. 거리 조정이 삶이고 시라서 갈수록 난감하다. '고슴도치 딜레마'라는 말은 가슴을 치고 들어오는데.

풍류風流

 TV에서 우리 가곡 합창을 듣다 아리랑이 연주되자 나도 몰래 울컥 목이 메온다. 어디서, 어떻게 편곡되고 변주된 아리랑을 듣든지 그렇다. 마음이나 인식보다 몸이 아리랑을 즉각 알아차리고 반응한다. 아리랑의 한과 원, 신명이 한국인의 DNA에 각인돼 있나 보다. 뜻은 모르겠으나 '아리랑'이란 말의 어감과 선율에서 나오는 신명이 바람처럼 물처럼 우리 몸에 불고 흘러들고 있나 보다.
 당나라에 유학 가서 거기서 살다 신라로 돌아온 국제적 지성 최치원은 "우리나라에는 예부터 전해오는 현묘한 도가 있으니 풍류"라고 했다. 우주 만물과 접하여 교감하며 서로서로 살려내는 접화군생의 도가 풍류라는 것이다. '접화군생接化群生'이란 말이 얼핏 이해는 되는데 설명하기 참 힘들다. 그래 '현묘玄妙한 도道'라 했을 것이다.
 "신라의 풍류도의 근간 정신, 그것은 어떤 것인가? 우주 전체, 즉 천지 전체를 불치의 등급 따로 없는 한 유기적 관련체의 현실로서 자각해 살던 우주관이 그것이고, 역시 등급 없는 영원을 그 역사의 시간으로 삼았던데 있다. 우리의 인격은 많이 당대의 현실을 표준으로 해 성립한 현실적 인격이지만, 신라 때의 그것은 그게 아니라 더 많이 우주인, 영원인으로서의 인격 그것이었던 것이다."

서정주 시인은 풍류의 고갱이인 접화군생의 현묘한 도를 이렇게 말했는데, 그래 그런 시로 우리 한국 서정의 강심수로 흐르며 신명 나게 하고 있는데. 요즘 나오는 좋은 시편들도 접화군생 풍류를 불러일으키고 있는 것 같은데, 뜻만 챙기려 하기 때문일까. 아직도 내겐 接, 化, 群, 生 한 자 한 자와 그 결합이 무슨 주문처럼 오묘하기만 하다.

원음圓音

 경주로 여행가 도심에서 떨어진 한옥 호텔에서 묵었다. 서늘한 새벽 산 기운에 눈을 떠 마당에 나가니 선도산이 이마에 닿을 듯 눈에 들어온다. 선도산 성모 파소가 산안개 이내의 푸른빛 기운으로 박혁거세를 낳아 신라를 세웠다는 산. 그런 푸른 산 기운이 감돌고 에밀레, 성덕대왕 신종 맥놀이도 핏줄 속으로 흘러드는 듯하다.
 "지극한 도道는 보아도 볼 수 없고 들어도 들을 수 없다. 그래서 이 신령스러운 종을 쳐 일승一乘의 원음圓音을 깨닫게 하겠다"고 신종神鍾을 만들어 치는 이유를 밝힌 글이 그 에밀레종, 신종에 새겨 있다. 하늘에서 내려오는 선녀, 아니 하늘을 나는 비천녀상 틈새에 있는 이 명문銘文, 참 명문名文이다.
 '일승의 원음'이라니. 말한 바 없이 한 설법으로 우주 삼라만상 각자의 근기에 따르면서도 한 소리로 듣게 해 모두를 제도한 부처님의 둥그런 소리라니. 시에서도 그러한 원음을 울리려 얼마나 많은 시인이 무의미의 무간지옥에 떨어지는 것도 마다하지 않았던가.
 감상에 젖지 말라. 지성과 이성의 콤플렉스를 없애라. 너와 나의 거리를 잘 조정하라. 언어를 떠나고 생각을 끊어라 등등. 시를 쓰며 끊임없이 내세우고 또 다짐하는 모난 방편

들을 단박에 날려버리는, 아니 둥글게 다 끌어안아 버리는 통 큰 원음이여.

  공즉시색空卽是色 색즉시공色卽是空이라, 상반이 둘이 아니라 둥글게 하나임을 단박에 깨치게 하는 '일승의 원음' 에밀레 종 소리. 그 둥글디둥글게 퍼져가는 소리 내 언어, 내 시에서 언제 한번 울려올 날은 있을는지.

이경철
전남 담양 출생.
2010년 『시와시학』 등단.
시집 『그리움 베리에이션』.

서정시학 시인선 234
환하다

2025년 12월 5일 초판 1쇄 발행

지 은 이 · 이경철
펴 낸 이 · 최단아
편집교정 · 정우진
펴 낸 곳 · 도서출판 서정시학
인 쇄 소 · ㈜상지사
주 소 · 서울시 서초구 서초중앙로 18, 504호 (서초쌍용플래티넘)
전 화 · 02-928-7016
팩 스 · 02-922-7017
이 메 일 · lyricpoetics@gmail.com
출판등록 · 209-91-66271

ISBN 979-11-92580-67-8 03810

계좌번호: 국민 070101-04-072847 최단아(서정시학)
값 14,000원

　 * 잘못된 책은 바꾸어 드립니다.

서정시학 시인선

001 드므에 담긴 삽 강은교, 최동호
002 문열어라 하늘아 오세영
003 허무집 강은교
004 니르바나의 바다 박희진
005 뱀 잡는 여자 한혜영
006 새로운 취미 김종미
007 그림자들 김 참
008 공장은 안녕하다 표성배
009 어두워질 때까지 한미성
010 눈사람이 눈사람이 되는 동안 이태선
011 차가운 식사 박홍점
012 생일 꽃바구니 휘 민
013 노을이 흐르는 강 조은길
014 소금창고에서 날아가는 노고지리 이건청
015 근황 조항록
016 오늘부터의 숲 노춘기
017 끝이 없는 길 주종환
018 비밀요원 이성렬
019 웃는 나무 신미균
020 그녀들 비탈에 서다 이기와
021 청어의 저녁 김윤식
022 주먹이 운다 박순원
023 홀소리 여행 김길나
024 오래된 책 허현숙
025 별의 방목 한기팔
026 사람과 함께 이 길을 걸었네 이기철
027 모란으로 가는 길 성선경
029 동백, 몸이 열릴 때 장창영
030 불꽃 비단벌레 최동호
031 우리시대 51인의 젊은 시인들 김경주 외 50인
032 문턱 김혜영
033 명자꽃 홍성란
034 아주 잠깐 신덕룡
035 거북이와 산다 오문강
036 올레 끝 나기철
037 흐르는 말 임승빈
038 위대한 표본책 이승주
039 시인들 나라 나태주
040 노랑꼬리 연 황학주
041 메아리 학교 김만수
042 천상의 바람, 지상의 길 이승하
043 구름 사육사 이원도
044 노천 탁자의 기억 신원철
045 칸나의 저녁 손순미
046 악어야 저녁 먹으러 가자 배성희

047 물소리 천사　김성춘
048 물의 낯에 지문을 새기다　박완호
049 그리움 위하여　정삼조
050 샤또마고를 마시는 저녁　황명강
051 풀어뜰을 수도 없는 숨소리　황봉구
052 듣고 싶었던 말　안경라
053 진경산수　성선경
054 등불소리　이채강
055 우리시대 젊은 시인들과 김달진문학상　이근화 외
056 햇살 마름질　김선호
057 모래알로 울다　서상만
058 고전적인 저녁　이지담
059 더 없이 평화로운 한때　신승철
060 봉평장날　이영춘
061 하늘사다리　안현심
062 유씨 목공소　권성훈
063 굴참나무 숲에서　이건청
064 마침표의 침묵　김완성
065 그 소식　홍윤숙
066 허공에 줄을 긋다　양균원
067 수지도를 읽다　김용권
068 케냐의 장미　한영수
069 하늘 불탱　최명길
070 파란 돛　장석남 외

071 숟가락 사원　김영식
072 행성의 아이들　김추인
073 낙동강 시집　이달희
074 오후의 지퍼들　배옥주
075 바다빛에 물들기　천향미
076 사랑하는 나그네 당신　한승원
077 나무수도원에서　한광구
078 순비기꽃　한기팔
079 벚나무 아래, 키스자국　조창환
080 사랑의 샘　박송희
081 술병들의 묘지　고명자
082 악, 꽁치 비린내　심성술
083 별박이자나방　문효치
084 부메랑　박태현
085 서울엔 별이 땅에서 뜬다　이대의
086 소리의 그물　박종해
087 바다로 간 진흙소　박호영
088 레이스 짜는 여자　서대선
089 누군가 잡았지 옷깃　김정인
090 선인장 화분 속의 사랑　정주연
091 꽃들의 화장 시간　이기철
092 노래하는 사막　홍은택
093 불의 설법　이승하
094 덤불 설계도　정정례

095 영통의 기쁨 박희진

096 슬픔이 움직인다 강호정

097 자줏빛 얼굴 한 쪽 황명자

098 노자의 무덤을 가다 이영춘

099 나는 말하지 않으리 조동숙

100 닥터 존슨 신원철

101 루루를 위한 세레나데 김용화

102 골목을 나는 나비 박덕규

103 꽃보다 잎으로 남아 이순희

104 천국의 계단 이준관

105 연꽃무덤 안현심

106 종소리 저편 윤석훈

107 칭다오 잔교 위 조승래

108 둥근 집 박태현

109 뿌리도 가끔 날고 싶다 박일만

110 돌과 나비 이자규

111 적빈赤貧의 방학 김종호

112 뜨거운 달 차한수

113 나의 해바라기가 가고 싶은 곳 정영선

114 하늘 우체국 김수복

115 저녁의 내부 이서린

116 나무는 숲이 되고 싶다 이향아

117 잎사귀 오도송 최명길

118 이별 연습하는 시간 한승원

119 숲길 지나 가을 임승천

120 제비꽃 꽃잎 속 김명리

121 말의 알 박복조

122 파도가 바다에게 민용태

123 지구의 살점이 보이는 거리 김유섭

124 잃어버린 골목길 김구슬

125 자물통 속의 눈 이지담

126 다트와 주사위 송민규

127 하얀 목소리 한승헌

128 온유 김성춘

129 파랑은 어디서 왔나 성선경

130 곡마단 뒷마당엔 말이 한 마리 있었네 이건청

131 넘나드는 사잇길에서 황봉구

132 이상하고 아름다운 강재남

133 밤하늘이 시를 쓰다 김수복

134 멀고 먼 길 김초혜

135 어제의 나는 내가 아니라고 백 현

136 이 순간을 감싸며 박태현

137 초록방정식 이희섭

138 뿌리에 관한 비망록 손종호

139 물속 도시 손지안

140 외로움이 아깝다 김금분

141 그림자 지우기 김만복

142 The 빨강 배옥주

143 아무것도 아닌, 모든　변희수

144 상강 아침　안현심

145 불빛으로 집을 짓다　전숙경

146 나무 아래 시인　최명길

147 토네이토 딸기　조연향

148 바닷가 오월　정하해

149 파랑을 입다　강지희

150 숨은 벽　방민호

151 관심 밖의 시간　강신형

152 하노이 고양이　유승영

153 산산수수화화초초　이기철

154 닭에게 세 번 절하다　이정희

155 슬픔을 이기는 방법　최해춘

156 플로리안 카페에서 쓴 편지　한이나

157 너무 아픈 것은 나를 외면한다　이상호

158 따뜻한 편지　이영춘

159 기울지 않는 길　장재선

160 동양하숙　신원철

161 나는 구부정한 숫자예요　노승은

162 벽이 내게 등을 내주었다　홍영숙

163 바다, 모른다고 한다　문 영

164 향기로운 네 얼굴　배종환

165 시 속의 애인　금동원

166 고독의 다른 말　홍우식

167 풀잎을 위한 노래　이수산

168 어리신 어머니　나태주

169 돌속의 울음　서영택

170 햇볕 좋다　권이영

171 사랑이 돌아오는 시간　문현미

172 파미르를 베고 누워　김일태

173 사랑허유, 걍　김익두

174 있는 듯 없는 듯　박이도

175 너에게 잠을 부어주다　이지담

176 행마법　강세화

177 어느 봄바다 활동성 어류에 대한 보고서　조승래

178 터무니　유안진

179 길 위의 피아노　김성춘

180 이혼을 결심하는 저녁에는　정혜영

181 파도 닮는 아바이　박대성

182 고등어가 있는 풍경　한경용

183 0도의 사랑　김구슬

184 눈물을 조각하여 허공에 걸어 두다　신영조

185 미르테의 꽃, 슈만　이수영

186 망와의 귀면을 쓰고 오는 날들　이영란

187 속삭이는 바나나　지정애

188 더러, 사랑이기 전에　김관용

189 물빛 식탁　한이나

190 두 개의 거울　주한태

191 만나러 가는 길 김초혜

192 분꽃 상처 한 잎 장 욱

196 하얗게 말려 쓰는 슬픔 김선아

197 극락조를 기다리며 허창무

198 늙은 봄날 윤수천

199 뒤뚱거리는 마을 이은봉

200 신의 정원에서 박용재

201 바다로 날아간 나비 이병구

202 절벽 아래 파안대소 이병석

203 숨죽이며 기다리는 결정적 순간 박병원

204 왜왜 김상환

205 사랑의 시차 박일만

206 목숨 건 사랑이 불시착했다 안영희

207 달팽이 향수병 양해연

208 기억은 시리고 더듬거린다 김윤

209 빛으로 남은 줄 알겠지 이인평

210 시간의 길이 유자효

211 속삭임 오탁번

212 느닷없이 애플파이 김정인

213 탕탕 석연경

214 수평선은 물에 젖지 않는다 동시영

215 굿모닝, 삐에로 박종명

216 고요, 신화의 속살 같은 한승원

217 지구가 멈춘 순간 정우진

218 치킨과 악마 김우

219 천 개의 질문 조직형

220 그림 속 나무 김선영

221 서향집 이관묵

222 동백아, 눈 열어라 안화수

223 참회록을 쓰고 싶은 날 이영춘

224 등불 앞에서 내 마음 아득하여라 오세영

225 리을리을 배옥주

226 나무늘보의 독보 권영해

227 별이 빛나는 서대문형무소 문현미

228 씀바귀와 쑥부쟁이 윤정구

229 구름의 슬하 이영란

230 힘없는 질투 김조민

231 그림자의 섬 김구슬

232 해파랑 헌화가 최해춘

233 적막의 눈 이복현